MANUEL GARCÍA MORENTE

2ª edição

Tradução
Osvaldo Aguiar

São Paulo
2025

Título original
El "Hecho Extraordinario"

Copyright © Edições Prumo, Lisboa
Publicado sob licença

Capa
Karine Santos

Dados Internacionais de Catalogação na Publicação (CIP)

Morente, García
  Manual García Morente — O fato extraordinário — 2ª ed. — São Paulo: Quadrante, 2025.

  ISBN: 978-85-7465-800-1

  1. Catolicismo 2. Testemunho Cristão I. Autor

CDD-282 / 248.4

Índice para catálogo sistemático:
1. Catolicismo - 282
2. Testemunho Cristão - 248.4

Todos os direitos reservados a
QUADRANTE EDITORA
Rua Bernardo da Veiga, 47 - Tel.: 3873-2270
CEP 01252-020 - São Paulo - SP
www.quadrante.com.br / atendimento@quadrante.com.br

SUMÁRIO

NOTA EDITORIAL.. 5

O FATO EXTRAORDINÁRIO....................... 13

NOTA EDITORIAL

Manuel García Morente foi, na opinião unânime dos seus contemporâneos, o melhor professor de Filosofia que a Universidade espanhola conheceu neste século. Ensaísta, tradutor de Descartes, Kant, Schiller, Bergson etc., granjeou uma posição de primeiro plano no panorama da intelectualidade espanhola, mas foi à vida universitária que dedicou os seus melhores esforços, ganhando larga ressonância pelo brilho e transparência de exposição com que lecionava na Faculdade de Letras mais importante do seu país.

Nascido a 22 de abril de 1886, em Arjonilla, na província de Jaén (Andaluzia), recebeu na família uma boa formação católica, principalmente graças à mãe. Fez os estudos na França, primeiro num liceu católico em Bayonne, e já aos dezenove anos licenciou-se em Letras pela Sorbonne, onde foi aluno de Bergson. Por essa época, sob o influxo do ensino académico recebido, afastou-se da fé e deixou de praticar.

Veio a seguir a carreira universitária, iniciada como docente da Instituição Livre de Ensino, entidade de cunho liberal e ateu que influenciou profundamente o panorama da vida académica espanhola naqueles anos. Depois de uma prolongada permanência na Alemanha, onde estudou a filosofia neokantiana, doutorou-se em Filosofia e Letras em 1911, com uma tese sobre a Estética de Kant; *no ano seguinte, aos vinte e seis, ganhava a cátedra de Ética da Faculdade de Letras da Universidade de Madrid, da qual seria eleito Decano por unanimidade em 1931. Ali permaneceu até 1937, data em que foi destituído do cargo pelo Governo legalista, apesar de se ter mantido sempre rigorosamente alheio ao conflito ideológico que esteve na origem da Guerra Civil espanhola.*

Durante todo este período da sua vida intelectual e do seu labor de docência, Morente tendeu para um racionalismo de cunho kantiano, temperado por influências de outros movimentos filosóficos como o bergsonismo, a fenomenologia de Husserl etc. Não chegou a elaborar nenhum sistema próprio, mas desposou essa visão do mundo racionalista que derivou da filosofia alemã, segundo a qual o universo não passa de um vasto mecanismo de causas e efeitos, sem fim último, gratuito em si mesmo e sem lugar para a intervenção de Deus. Quando muito, admitia um Deus afastado e frio, uma causa primeira criadora, mas não pessoal, com a qual o ser humano não se pode relacionar.

Por outro lado, era homem que se destacava pela retidão de conduta, pelo denodado cumprimento dos seus deveres e pela generosa dedicação aos seus alunos. Neste sentido, representava o tipo do "bom agnóstico", aliás bastante difundido ainda hoje: o do homem que vive por tradição e educação os valores humanos, o do homem moralmente justo, mas a quem uma suficiência intelectual de fundo impede de submeter a inteligência ao mistério de Deus. Ele mesmo diagnosticou a raiz dessa atitude num escrito posterior à sua conversão: "Existe na alma dos intelectuais, confessada ou inconfessadamente, uma luta trágica que nos enche de compaixão: a luta entre o atrativo singular da figura de Cristo [...], por um lado, e o medo de cair desse pedestal orgulhoso que a ciência e a filosofia ergueram no coração dos homens modernos, o medo de passarem por criancinhas que se entretêm com fábulas inacreditáveis".

Por isso mesmo, o Fato extraordinário, *em que Morente narra a sua conversão ao confessor, constitui um testemunho histórico emocionante. Se na época em que retornou à Espanha, após o exílio durante a Guerra Civil, a sua reorientação interior causou rebuliço não só nos meios acadêmicos, mas até em toda a sociedade, ainda hoje esse relato simples e desapaixonado é um documento profundamente humano, em que se palpa vivamente a inutilidade do esforço pessoal por achar segurança em si mesmo.*

Efetivamente, encontrando-se só, sem recursos e afastado da família no exílio em Paris, o filósofo vê frustradas todas as suas tentativas de reunir-se com as suas filhas — enviuvara cedo — e de reorganizar a sua existência. E no meio da ciranda de esperanças e desilusões, chega para ele o momento de uma profunda tomada de consciência: sente-se como que suspenso no espaço, sem ponto de apoio em todo aquele universo racional e aparentemente sem brechas que construíra; a inteligência de nada lhe serve, as relações humanas e o prestígio se desfazem em pó; já não é mais dono da sua própria vida. Daqui, da total incapacidade de achar segurança em si próprio, é que Morente partirá: primeiro, ao constatar que a sua vida não é sua, mas que lhe é tecida pela Providência; depois, quando se volta nessa busca de sentido para os "contos de fada" da sua infância, que por tanto tempo desprezara, mas que, uma vez removida a cegueira do pensamento autônomo, lhe surgem nitidamente como a única via de acesso ao Deus pessoal; a seguir, quando tenta a comunicação com Ele reconstituindo as orações aprendidas de menino; e, por fim, quando esse Deus, em resposta, lhe inunda a alma com a sua graça.

Se Cristo efetivamente lhe apareceu naquela noite de 29 para 30 de abril de 1937, é coisa que permanece em aberto. O próprio Morente analisa o fato como que de fora, permitindo todas as interpretações. Mas do que não há dúvida é de que foi inundado por uma graça operativa profunda, que o transformou de alto a baixo e que semearia nele a decisão de ordenar-se sacerdote.

Depois de reunir-se enfim com as filhas, a quem nada comunicou da sua mudança interior, como aliás a ninguém, partiu para a Argentina, onde lecionou durante algum tempo. De volta à Espanha, em setembro de 1938, conversou longamente em Vigo com o bispo de Madrid que lá se achava refugiado, e dele recebeu a sua "segunda primeira comunhão"; pouco depois iniciava a preparação para o sacerdócio. Ordenou-se em 21 de dezembro de 1940, retomou no mesmo ano as aulas na Universidade, a instâncias do Bispo, e faleceu em 7 de dezembro de 1942, depois de uma operação cirúrgica que não fazia prever esse desfecho.

O que foram para Morente estes últimos anos, quanto constrangimento interior e externo terá vencido, mal o podemos conjeturar: eis um homem já cinquentenário que tem de conviver com seminaristas que quase poderiam ser seus netos; um pesquisador de ideias, que proclamara durante toda a vida a autonomia da razão, e que agora trabalha nos alicerces dos seus esquemas mentais para descobrir sem humilhação a luminosa e refrescante harmonia que existe entre a inteligência e a fé; o professor, enfim, que sempre defendera o racionalismo agnóstico, e que agora expõe, com a clareza e o atrativo de sempre, os princípios de um raciocinar que se abre para Deus. Por outro lado, raros foram os seus antigos correligionários que lhe perdoaram a sua transformação interior, e nem todos aqueles para junto dos quais foi o receberam com plena confiança.

Pouco importa. O fato é que a retidão intelectual e moral desse homem bastaram para dar apoio sólido à graça recebida. E, para além do seu contributo intelectual, o que dele permanecerá é o exemplo da conduta de um homem coerente, que sabe retificar e por fim ajoelhar-se.

Henrique Elfes

O FATO EXTRAORDINÁRIO

Carta do Prof. Manuel García Morente dirigida em setembro de 1940 a D. José Maria García Lahiguera, Bispo Auxiliar de Madrid, e tornada pública depois da sua morte.

O fato deu-se na noite de 29 para 30 de abril de 1937, às duas horas da manhã, aproximadamente. Permita-me que anteponha à sua narração circunstanciada alguns pormenores, cujo conhecimento me parece necessário ou, pelo menos, muito conveniente.

No dia 28 de agosto de 1936, foi assassinado em Toledo o meu genro, por quem eu sentia grande carinho, misturado com qualquer coisa de respeito e admiração.

Era um rapaz de vinte e nove anos, digno de consideração a todos os títulos. A sua conduta moral fora sempre exemplar. Julgo que não me engano ao afirmar que chegou ao casamento em perfeito estado de pureza. A sua vida íntima também fora sempre de viva religiosidade. Pertencia à Adoração Noturna. Talvez este fato não tenha sido completamente alheio à sua infeliz morte[1]. Por isso o seu caráter era alegre, jovial, otimista, muito juvenil e até infantil em certas coisas. Gostava de matemática — em que realmente era muito versado — e de esporte. A sua presença física era mais do

---

[1] Como é sabido, a situação na Espanha, com o advento do regime republicano, fez-se acompanhar em ritmo crescente por uma violenta perseguição religiosa, com a queima de conventos e o assassinato de bispos, sacerdotes e leigos, simplesmente pelo fato de serem católicos. Ao término da guerra civil, tinham sido mortos 18 bispos, 4184 sacerdotes, 2365 religiosos e 283 religiosas; não se sabe o número dos que morreram na prisão (N. do E.).

que medianamente agradável. Era o que se pode chamar um rapaz elegante. Além disso, na sua carreira de engenheiro agrônomo e, depois, de engenheiro geógrafo, caminhava para um futuro muito risonho. Teria conquistado, sem sombra de dúvida, uma posição excelente. Eu estava realmente satisfeito com ele. Já me tinha dado uma netinha risonha e, pouco antes da sua morte — dois meses —, um neto.

Recebi a notícia da sua morte quando estava na Universidade, no momento de entregar o decanato, de que fui destituído pelo Governo "vermelho", ao meu sucessor, o senhor Besteiro. Comunicaram-me da minha casa, pelo telefone, o falecimento do meu genro. Vi imediatamente que tinha sido assassinado. A impressão que a notícia me causou foi tal que caí no chão sem sentidos. Quando voltei a mim, pedi ao senhor Besteiro que movesse toda a sua influência para conseguir que a minha filha e os meus netos fossem transferidos com rapidez e segurança de Toledo para Madrid.

Com efeito, o senhor Besteiro conseguiu nobremente que um carro oficial escoltado por dois guardas fosse buscar a minha filha e os meus netos. Dois dias depois, às onze da noite, chegavam a Madrid. Em casa esperávamos desde as oito pela sua chegada. Foram três horas de angústia mortal. Pela minha imaginação passava toda a espécie de quadros trágicos; via a minha filha assassinada também, os meus netos arrebatados por mãos hostis ou indiferentes, levados sabe Deus para que acampamentos ou asilos infantis, perdidos para sempre na vida. A angústia da espera oprimia-nos a todos em casa. Por fim, às onze da noite, chegou o carro e nele a minha filha, os meus netos e duas criadas, todos de boa saúde.

Se lhe conto estes pormenores insignificantes, é porque me parecem úteis para conhecer o estado de espírito que se ia apoderando de mim. A minha sensibilidade, já de si delicada e excitável, em certos momentos exacerbava-se. A tragédia da minha filha, viúva aos vinte e dois anos, com dois filhinhos, dois anos depois de casada, transtornou por completo o meu pensamento, o meu sentimento, toda a minha vida. Caíam de novo sobre os meus ombros as preocupações próprias de um pai. E em que momento! Quando a vida, a fazenda e a honra indefesas se encontravam à mercê de qualquer malvado ou malfeitor que as quisesse espezinhar. Em minha casa reinava o silêncio trágico da angústia e do terror. Eu não saía à rua. Ninguém de casa saía, a não ser o indispensável para as necessidades da vida.

Um dia os milicianos[2] vieram buscar o filho mais velho dos nossos vizinhos de andar. Meteram o pobre rapaz na cadeia, e mais tarde assassinaram-no em Paracuellos. Num dos dias seguintes, queimamos totalmente os documentos e a correspondência

---

2 Bandos de civis armados pelos comunistas e anarquistas, que constituíam uma espécie de "polícia" dos partidos (N. do E.).

que eu conservava do ano em que fui Sub-secretário da Instrução Pública no Governo do general Berenguer. Foi providencial, pois no dia seguinte vieram revistar-me o apartamento. Passamos todo o dia a espreitar por trás das persianas corridas todos os carros que paravam à porta de casa. Com o coração aos saltos, contávamos os degraus que os assassinos subiam, e, quando já tinham passado o nosso andar, dávamos um suspiro de satisfação! A morte ia para outra casa! As minhas filhas, a minha cunhada, a minha tia e a criada velha que há vinte e seis anos temos conosco, reuniam-se num canto da casa e ficavam horas e horas rezando. Nessa altura eu não podia, e quase não sabia rezar. Mas um ímpeto interior levava-me a aprovar e a agradecer a fé submissa e terna das boas mulheres.

Foi nesta situação que em 26 de setembro, um escasso mês depois do assassinato do meu genro, recebi de manhãzinha o aviso confidencial de que devia ausentar-me urgentemente de casa e, se fosse possível, da Espanha, pois certos elementos descontentes com a minha atuação no decanato da Faculdade de Letras tinham decidido matar-me, como então era costume[3]. Obedeci prudentemente ao aviso. Consegui obter um salvo-conduto por intermédio de um ministro que era meu amigo, e com o passaporte que me servira para ir a Poitiers em princípios de julho, e que continuava válido, fui-me embora para Barcelona, a caminho da França. Em Barcelona tive um susto. Estive prestes a ser preso por me terem confundido com outra pessoa. Por fim, saí da Espanha e

---

3 "Durante o meu decanato, evitei como peste toda a política. Por duas vezes, recusei-me a exercer sanções contra certos professores e estudantes. Por essas razões — e algumas outras —, o pessoal da FETE (organização estudantil de esquerda) pretendeu assassinar-me em setembro de 1936, em Madrid", diria Morente noutra ocasião (cit. por P. Jobit, *Manuel García Morente*, Magnificat, Porto, 1951, p. 7).

cheguei a Paris no dia 2 de outubro. Tinha setenta e cinco francos no bolso.

Repito que, mesmo à custa de aborrecê-lo com minúcias, é necessário referir antecedentes que talvez possam tornar plausível uma explicação natural do Fato, que a mim me parece sobrenatural, pois o senhor deve ter em seu poder todos os dados úteis para julgar o caso, e o principal é o estado de ânimo em que os acontecimentos me iam submergindo pouco a pouco. A mim, parece-me claro que este estado de ânimo não é suficiente para explicar completamente certos aspectos e matizes daquilo que me aconteceu; devo, porém, narrá-lo totalmente para que o senhor possa julgar com pleno conhecimento de causa.

Cheguei, portanto, a Paris sem dinheiro e com a alma transida de angústia e de dor, e além disso torturada por preocupações de índole moral. Teria feito bem em abandonar a minha casa e as minhas filhas e pôr-me egoistamente a salvo? Mas, por outro lado, se a notícia confidencial que recebera

era verdadeira — não tinha motivo algum para duvidar dela, mas sim muitas razões para lhe dar pleno crédito, pois a pessoa que a fizera chegar ao meu conhecimento era a todos os títulos digna de fé —, teria sido assassinado ou, pelo menos, metido na cadeia e colocado, por conseguinte, na impossibilidade de socorrer a minha gente, e até lhes seria mais prejudicial e gravoso do que no desterro de Paris.

Entre estas duas ideias oscilava a minha consciência, que umas vezes me acusava de fugitivo, egoísta e covarde, e outras me absolvia e até me aplaudia como prudente e precavido. E ainda hoje, que os fatos demonstraram com evidência sobeja como andei avisado ao sair de Madrid, ainda surpreendo às vezes, retrospectivamente, nalgum recanto da minha alma, certa censura de egoísmo covarde, quando penso na minha conduta de então, ao sair precipitadamente de Madrid. Que pensa o senhor?

Em Paris, Deus protegeu-me o suficiente para não me deixar cair nas abjeções da miséria total, mas não tanto que eximisse a minha alma da humilhação, da angústia e da aflição. Um bom amigo, espanhol, que tinha e tem ainda um apartamento em Paris, pôs à minha disposição um quarto com uma cama e um armário. Uma senhora francesa, viúva de um meu antigo companheiro de estudos da Sorbonne — morto gloriosamente pela sua pátria em 1914 —, ofereceu-me caridosamente a mesa do seu lar. Não vivi sem humilhação, sem vergonha e sem lástima, mas com um honesto sentimento de gratidão para com os meus benfeitores.

Em casa do meu amigo Izequiel de Selgas, passava, portanto, as noites e as manhãs. Ia almoçar e jantar a casa de madame Malovoy. Mas como o senhor Selgas, que fazia de correio secreto de Paris para Biarritz (entre José Quiñones de León e o conde dos Andes), permanecia dias e dias ausente de Paris, era frequente ter eu de ficar só no apartamento do meu amigo durante dias e noites inteiras. Aqui está outro pequeno pormenor, mas talvez importante, pois esta solidão, sobretudo noturna, não deve ter influído pouco no meu estado de ânimo.

Eu sofro bastante de insônia. Em épocas normais, costumo combatê-la por métodos psicológicos que a experiência me demonstrou serem eficazes, como por exemplo rever *in mente* teorias filosóficas, físicas, matemáticas, ou problemas de xadrez — na minha juventude dediquei-me muito a este jogo, tendo atingido resultados que superam a mediania —; em suma, séries de ideias complicadas em que não ponho nenhum interesse pessoal ou afetivo. Estes meios, porém, que costumo usar com êxito para conciliar o sono rebelde, falham quando tenho na alma alguma emoção profunda, tenaz, torturante. Não os posso empregar, porquanto a imaginação e o pensamento vão atrás da preocupação afetiva e sentimental que me aflige. Por isso, quando me encontro sob o peso de uma preocupação profunda, as insônias são quase irremediáveis, e só o cansaço físico me consegue render, a altas horas e por pouco tempo.

Em Paris, a insônia foi o estado normal das minhas noites cheias de tristeza. Passava-as a cismar se tinha feito bem ou mal em deixar as minhas filhas e vir para Paris, como poderia conseguir ganhar algum dinheiro e sair da situação humilhante em que me via, no modo de tirar as minhas filhas e a minha família da Espanha, na maneira de conseguir que se sustentassem no estrangeiro (quando eu vivia de esmola) se viesse por fim a conseguir tirá-las da Espanha. Às vezes, também revia na memória toda a minha vida: via como era infundada essa espécie de satisfação mórbida comigo mesmo com que tinha estado a viver; notava dolorosamente a inquietação incurável e a instabilidade espiritual que, dia a dia, iam fazendo crescer o meu desassossego.

Em muitas ocasiões tinha que saltar da cama, incapaz de suportar por mais tempo a insônia na imobilidade do leito; percorria o apartamento, passeava febrilmente pelo quarto, pegava num livro que pouco depois me caía das mãos. O que mais me consolava era abrir as janelas e, apesar do frio, permanecer horas inteiras a contemplar, daquele oitavo e último andar, a imensa mole de Paris, e no fundo a massa de Montmartre e a luz da torre Eiffel.

Tinha iniciado ao acaso algumas diligências para tirar as minhas filhas da Espanha por intermédio da Embaixada da Inglaterra. Falharam. Depois iniciei outras por meio da Cruz Vermelha Internacional. Nunca tive resposta a elas. E, no entanto, estes fracassos não me impressionavam excessivamente, porque o desejo infinito de ver os meus era bastante temperado por duas considerações: a primeira, a de que recebia regularmente carta de Madrid, através de terceira pessoa, que me tranquilizava sobre o estado de saúde e de dinheiro dos meus; e a segunda, a de que, na absoluta penúria econômica por que estava passando, aterrava-me a perspectiva de ter que fazer face, sem um centavo, às necessidades de oito pessoas em Paris.

Em fins de janeiro de 1937, um golpe de sorte modificou um pouco a minha situação. Recebi uma carta da editora Garnier Frères a pedir-me que passasse pelos seus escritórios. Cheio de curiosidade e farejando algum acontecimento favorável, apresentei-me no gabinete do senhor Garnier. Com efeito, o senhor Garnier propôs-me a elaboração de um dicionário francês-espanhol e espanhol-francês, em substituição do dicionário da Salvat, velho e esgotado, que a casa editara muitos anos antes. Um amigo meu catalão, editor, que, como eu e tantos outros, estava em Paris fugido, tinha falado de mim ao senhor Garnier como pessoa capaz de levar a bom termo o trabalho necessário.

Aceitei a proposta e as condições, pedindo que me pagasse contra entregas mensais do original. Lancei-me ao trabalho febrilmente, e senti-me muito melhor e mais consolado. Já tinha pelo menos um antídoto diurno, qualquer coisa para encher as horas do dia. As da noite, por infelicidade, não podia subtraí-las assim tão facilmente às garras da insônia, da preocupação, do desassossego, da inquietação moral e espiritual. Em fins de fevereiro, pude sentir a grande satisfação de receber mil francos como fruto do meu trabalho, e corri a compensar da melhor maneira que pude a senhora que me dava de comer em sua casa. Não era grande coisa, mas era o suficiente para remediar um pouco o cruel sentimento de humilhação em que vivia há cinco meses.

Quinze dias depois, novo golpe teatral. Recebo um telegrama de Buenos Aires, assinado pelo meu antigo amigo, o professor Alberini, decano da Faculdade de Filosofia e Letras de Buenos Aires, que me oferecia a cátedra de filosofia na Universidade de Tucumán (Argentina). Resposta paga. Meditei cinco minutos e respondi aceitando, mas condicionando a minha ida para a Argentina à saída das minhas filhas e dos meus netos da Espanha, para que me acompanhassem.

Convencido de que a resposta ia ser afirmativa, dediquei-me outra vez, febrilmente e com toda a alma, a procurar maneira de tirar a minha família da Espanha. Que havia de fazer? Como havia de conseguir coisa tão difícil? Nessa época, meados de março de 1937, houve ocasiões em que passei três noites seguidas sem dormir sequer um segundo e sem ter qualquer atividade como sucedâneo da insônia cruel; quando muito, conseguia conciliar meia hora de sono já no fim da madrugada. Por mais que pensasse, não conseguia equacionar praticamente o problema de tirar as minhas filhas da Espanha. Que havia de fazer? Precisamente quando a proposta argentina vinha resolver o problema do sustento da minha família fora da Espanha, não via pista por onde devesse iniciar as diligências.

Desesperava, e houve momentos em que, exacerbando-se de novo o doloroso escrúpulo moral de ter abandonado os meus em Madrid, me acometeu a ideia, estranha em mim que não era crente, de que esse contraste entre a atual possibilidade de prover às necessidades dos meus fora da Espanha e a impossibilidade contrária de conseguir que saíssem e se reunissem comigo, era um castigo de Deus pelo meu egoísmo e pela minha covardia.

A primeira vez em que a ideia de um "castigo de Deus" passou pela minha cabeça foi de maneira fugaz e transitória, sem que nela detivesse o espírito. Durante a noite, porém, a mesma ideia reapareceu, e desta vez já com uma clareza e uma persistência tais que tive de lhe prestar maior atenção. Mas foi, por assim dizer, para olhá-la com despeito e para repeli-la com um movimento de enfado, de orgulho intelectual e de soberba humana. "Não sejas idiota", disse para comigo mesmo. E o pensamento lançou sobre a pobre ideiazita humilde e boa um monte rápido de representações filosóficas, científicas, etc... que a mataram em germe.

Poucas horas depois deu-se um acontecimento pelo menos estranho. Eu ia com certa frequência à casa que José Ortega y Gasset[4] habitava em Auteuil. Para ir para lá tinha que tomar o metrô e descer na estação da Avenida Mozart, donde ia a pé pela rua da Assunção até a casa do meu bom amigo. Nunca tinha reparado no nome da rua nem na razão de ser do nome. Mas naquele dia, ao subir pela escada do metrô na Avenida Mozart, assaltou-me a recordação da minha esposa, no preciso momento em que, elevando os olhos, eles se me foram cravar na placa que dizia: "Rue de l'Assomption".

---

4 José Ortega y Gasset (1883-1955) foi filósofo, catedrático de Metafísica da Universidade de Madrid, e ensaísta de renome internacional; sua obra mais conhecida é *A revolução das massas*. Como político, foi mentor intelectual da transição da Espanha da monarquia para a República, mas não tomou partido a favor de nenhum dos grupos beligerantes, permanecendo na França durante a guerra civil (N. do E.).

Debateram-se então no meu pensamento uma série de recordações e de pensamentos. "Esta rua — pensei — chama-se da Assunção porque, com certeza, nela está ou esteve o convento da Assunção, onde minha mulher foi educada, em Málaga. Claro! A casa-mãe foi estabelecida em Auteuil! E em Auteuil estou eu. Logo, por aqui deve estar ou ter estado o convento das freiras que educaram a minha boa esposa e as minhas filhas. Vamos ver".

Andando devagar, ia reparando em todos os edifícios que via. Não demorei muito a descobrir o convento. Lá se encontra ainda. Um enorme jardim de árvores velhíssimas constitui o resto sobrevivente do imenso parque, hoje convertido em casas para alugar. Contemplei durante um bom pedaço a fachada do convento, atualmente casa de repouso para senhoras e mães doentes. A rua que faz esquina com o convento atual chama-se "Rue Meilleret de Brou", que no mundo era o nome de Maria Eugênia, fundadora da Assunção. Tinha passado por ali muitas vezes naqueles dias e naqueles meses, e, na realidade, nunca tinha reparado nem na rua, nem no convento, nem em nada disso.

Cheguei pensativo e preocupado a casa de Ortega y Gasset. Nesse dia, encontrei na sua sala um catedrático de Madrid, que estava ali de visita, a quem eu conhecia muito bem e com quem me relacionara bastante. Este senhor não era nem é "vermelho". Mas tinha a pouca sorte de ter os filhos, todos homens e já crescidos, divididos quanto à questão espanhola. Um deles servia como tenente de Engenharia (voluntário) no exército de Franco. O outro, médico, pelo contrário, era secretário particular do doutor Negrin.

Durante a conversa, saiu à baila a proposta de uma cátedra na Argentina que eu tinha recebido, a resposta que tinha dado e o vivo desejo e a necessidade que sentia de tirar a minha família da Espanha para levá-la comigo para a América. Disse-me então o catedrático que o filho dele, o secretário particular de Negrin, chegava de avião no dia seguinte, de Valência, que lhe falaria do meu desejo, que me proporcionaria uma entrevista com o rapaz e que talvez se pudesse conseguir alguma coisa.

Fiquei espantado. O conjunto das coisas que me estavam a acontecer tinha características realmente estranhas e incompreensíveis. À minha volta, ou melhor, sobre mim e independentemente de mim, ia-se entretecendo, sem a mais leve intervenção da minha parte, toda a minha vida. A chamada da Garnier, a encomenda do dicionário, a oferta da cátedra argentina, este feliz encontro com o pai de um secretário de Negrin, nada disso tinha sido procurado ou sequer suspeitado por mim. Eu era um espectador completamente passivo de tudo o que me acontecia. Dir-se-ia que um desconhecido, senhor absoluto do acontecer humano, ordenava sem mim tudo o que era meu. Mais, tudo o que eu fazia por minha iniciativa saía mal e fracassava; as minhas diligências na Embaixada Inglesa, na Cruz

Vermelha Internacional, todos os esforços que repetidas vezes tinha feito para encontrar trabalho em Paris, tudo tinha fracassado lamentavelmente. Em contrapartida, como que me choviam do céu precisamente os acontecimentos que menos podia imaginar e em que a minha iniciativa pessoal não tinha a menor intervenção. Tive a sensação profunda e pungente de ser uma miserável palhinha impelida por um furacão onipotente.

Pela terceira vez a ideia da Providência se fixou na minha mente. Pela terceira vez a repeli com obstinação e soberba, mas também com um vago sentimento de angústia e de confusão. Era por demais evidente que eu, por mim mesmo, nada podia, e que tudo o que de bom e mau me estava a acontecer tinha a sua origem e a sua força num outro poder bem diferente e muito superior. No entanto, refugiava-me na ideia cósmica do determinismo universal, e numa ocasião em que me ocorreu, timidamente, o pensamento de me dirigir a Deus, isto é, de rezar, de orar — que era, sem sombra de dúvida, a atitude mais lógica e congruente com tudo o que me estava a acontecer —, repeli-o também com ignara puerilidade. Que loucura!

Efetivamente, tive uma entrevista com o filho do catedrático, que no dia seguinte chegou de avião a Paris, vindo de Valência. Expus-lhe o meu desejo. Disse-lhe que Negrin me conhecia bem. Pedi-lhe que conseguisse a saída das minhas filhas e dos meus netos. Nessa altura Negrin não era Presidente do Conselho de Ministros, mas apenas ministro das Finanças no Governo de Largo Caballero. O filho do catedrático prometeu-me fazer tudo o que estivesse nas suas mãos para satisfazer os meus desejos. Fiquei bem impressionado, cheio de otimismo e de esperança.

Tinha recomendado muitas vezes às minhas filhas que por nada deste mundo saíssem de Madrid, nalguma dessas expedições mais ou menos forçadas que se faziam para Valência. Aterrava-me a ideia dessas estradas bombardeadas, dessas evacuações em camionetas, entre milicianos e milicianas, com risco de qualquer mau encontro. Agora tinha que lhes fazer notar que a saída era coisa minha, combinada comigo, e que cumprissem ponto por ponto tudo o que lhes mandassem fazer da parte do filho do catedrático. Portanto, a carta que lhes tinha de escrever era delicada e difícil. Entenderam-na perfeitamente, graças a Deus.

Com efeito, no dia 2 de abril recebi um telegrama de Valência em que as minhas filhas me comunicavam a sua chegada à capital levantina. Dois dias depois, recebi uma carta em que me diziam que tinham feito bem a viagem de automóvel de Madrid a Valência e me relatavam a sua entrevista com Negrin, que as tinha recebido amavelmente e lhes prometera dar em breve o passaporte para virem para Paris. Eu estava louco de alegria. Tinha a certeza de que dentro de poucos dias ia ter a dita de abraçá-las. Já tinha o alojamento preparado. Um velho amigo meu, colega de estudos na Sorbonne e catedrático na Universidade de Caen, tinha posto à minha disposição o apartamento que tinha em Paris e que só ocupava nas férias.

Aguardava com impaciência o telegrama que anunciaria a chegada, fixada para tal dia e tal hora. Passaram-se três dias. "Devem ser — pensava eu — as dificuldades burocráticas". Recebi nova carta de Valência em que, efetivamente, as minhas filhas me diziam que as dificuldades burocráticas entorpeciam a questão, mas que tinham promessa do Ministro do Governo de conseguir o passaporte no dia seguinte. A leve inquietação, uma espécie de pressentimento sombrio, que se levantou na minha alma, foi depressa abafada pelo raciocínio frio. Não, não tinha nada a temer: uma vez que tinham prometido dar-lhes o passaporte, era porque estavam dispostos a concedê-lo; devia ser, portanto, questão de dias. Tranquilizei-me a mim mesmo, e voltei, como habitualmente, a depositar toda a minha confiança nas engrenagens naturais e humanas.

Mais três dias se passaram, porém, sem que recebesse o telegrama. Começava novamente a inquietar-me. Voltei a receber carta de Valência, em que as minhas filhas voltavam a garantir-me que tinham a promessa firme de receberem o passaporte, que no Governo havia sobrecarga de trabalho, que tivesse paciência, etc... Com a leitura desta carta o dente da dúvida, da apreensão e da angústia voltou a morder-me o coração. Que estaria acontecendo? Estariam em Valência rindo-se delas, entretendo-as com promessas vãs?

Na minha alma ruiu outra vez a confiança na determinação natural de causas e efeitos, e a inquietação profunda voltou a apoderar-se de mim. Não podia fazer nada. O que tivesse de acontecer forjava-se para além de mim, longe, sem a menor possibilidade de ação eficaz da minha parte. Sozinho em Paris, no oitavo andar da casa do Boulevard Sérurier, era obrigado a esperar, angustiado, o desencadear dos fatos que se concertavam ou desconcertavam por si sós sobre a minha cabeça. Aquelas noites foram atrozes. "Que estava a fazer de mim — pensava — Deus, a Providência, a Natureza, o Cosmos, ou lá o que fosse?" Era a impotência e a ignorância. Noites inteiras à procura, e nada, absolutamente nada, senão esperar a sentença dos acontecimentos.

Esperar! E como havia de esperar sem saber? Que esperança é essa que não sabe o que espera? Uma esperança que não sabe o que espera é realmente... o desespero. Começou a invadir-me um sentimento estranho, uma espécie de depressão total, absoluta, de todo o meu ser, um desleixo infinito, de que só saía por estímulo de chicotadas interiores, para me precipitar em estados de excitação febril.

Passaram-se quatro ou cinco dias sem qualquer notícia. A minha angústia, a minha depressão parecia atingir o paroxismo. Às vezes, sentia-me como que estonteado e entumecido, sem pensar literalmente em nada. Outras, saía para a rua e andava até o cansaço me render. Mas isto ainda era pior, pois chegava a casa extenuado, e no entanto era-me impossível dormir. Como máximo, apoderava-se de mim durante uma ou duas horas uma espécie de modorra, um semissono inquieto que de nada me aproveitava.

Aí por 20 de abril recebi outra carta de Valência, que me dava a entender veladamente que existiam "algumas dificuldades para a viagem projetada". Esta notícia, que confirmava as minhas suspeitas, não acrescentou qualquer motivo novo de inquietação aos que já agiam na minha alma. Mas é claro que intensificou o estado de depressão em que me encontrava. A principal característica deste estado era a sensação de impotência absoluta, de passividade total, de não-intervenção nas engrenagens da minha própria vida, perante a qual se erguia raivosa a vontade soberba, que não podia admitir ver-se anulada e reduzida a essa "impotência absoluta". Essa ruptura interior, essa cisão entre a vontade impotente, mas cheia de quereres e de volições efetivas, e o desenrolar implacável e incógnito dos fatos, esse abismo entre um eu que quer ser e uma realidade que é o que é, era o que me torturava até ao indizível.

Assim passou mais uma semana sem notícias de Valência. No dia 27 de abril recebi um telegrama que dizia: "Viagem impossível. Diz-nos se devemos regressar Madrid ou ir Barcelona". A minha suspeita realizava-se. O Governo negava a saída às minhas filhas. Embora já temesse essa solução e portanto a previsse, produziu-me um efeito terrível.

Primeiro, tremi de raiva e de indignação contra o Governo "vermelho". Desatei a proferir impropérios interiores. Não havia dúvida de que os "vermelhos" conservavam os meus como reféns para me manterem a mim mudo e inativo. Respondi ao telegrama aconselhando a viagem a Barcelona, onde temos parentes próximos e muito queridos, em cuja companhia eu pensava que as minhas filhas suportariam melhor a situação moral e material.

A seguir, invadiu-me uma enorme depressão física e intelectual. Estive durante horas alheado e indiferente, incapaz de pensar naquilo que me acontecia. Lembro-me perfeitamente de que, durante um bom pedaço, me entretive, estendido na cama, a seguir com muita atenção e curiosidade as evoluções de uma mosca (ou fosse lá o que fosse) no teto e na parede. Pouco a pouco a situação voltou a desenhar-se com contornos claros. Todas as minhas aspirações caíam por terra. Teria que renunciar à cátedra na América, renunciar também a recuperar as minhas filhas e os meus netos, e continuar em Paris a vida sombria de insônias e preocupações. É verdade que com o dicionário ganhava o bastante para pagar as despesas pessoais. Mas, convencido de que a guerra ia durar muito, via o futuro completamente negro. E as minhas filhas? Em Barcelona talvez estivessem melhor do que em Madrid, na companhia de pessoas de família excelentes e mais protegidas. Mas até quando? Agora, uma vez que o Governo lhes negava a saída, seria inútil tentar outros meios, pois via-se claramente que o Governo não as queria deixar sair da Espanha. Que sorte seria a delas?

Passei o dia e a noite de 27 a dar voltas a pensamentos sobre a *minha* situação, a *minha* casa de Madrid, o *meu* futuro imediato ou remoto, o futuro dos *meus*. No dia 28, o meu amigo Selgas foi a Biarritz e eu fiquei sozinho no apartamento por alguns dias. Confesso que me agradou a ideia de ficar só. Decidi saborear, por assim dizer, essa solidão. (Informo-o de que nunca tive medo da solidão: pelo contrário, sempre me agradou muito; escrevi várias vezes o seu elogio e, sempre que posso, aproveito-a com fruição morosa, e em todos os momentos, hoje mesmo, agora mesmo, desejo-a indizivelmente). Telefonei a madame Malovoy para lhe dizer que não ia almoçar nem jantar durante vários dias, e percorri, com certo prazer, o apartamento para me convencer puerilmente de que na realidade estava só.

Veio-me imediatamente a ideia de que era insensato dar rédea solta à imaginação para que vagueasse sem rumo nem ordem pelos caminhos que as leis naturais da associação psíquica lhe indicassem. Por conseguinte, era necessário pensar ordenada e metodicamente, não ao sabor de caprichos do momento e como que a saltos de cabra. Doutro modo, corria o perigo de cair em verdadeira perturbação mental.

Comecei, pois, a fazer uma revisão geral de tudo o que tinha acontecido desde que a guerra principiara, e das coisas mais importantes em que desde aquela altura tinha meditado. O resultado desta reflexão foi ver que, desde que a guerra começara, eu não tinha intervindo, nem pouco nem muito, na minha própria vida, na contextura real dos fatos da minha existência. A minha vida, os fatos da minha vida, tinham-se operado sem mim, sem a minha intervenção. Podia-se dizer, em certo sentido, que os tinha presenciado, mas de modo algum que os tinha causado. Quem ou qual era a causa dessa vida que era minha sem ser minha? Pois o que é curioso e estranho é que todos esses fatos eram fatos da minha vida, isto é, meus, mas por outro lado não tinham sido causados, provocados, ou sequer suspeitados por mim; isto é, não eram meus. Havia aqui uma contradição evidente. Por um lado, a minha vida pertencia-me, pois constituía o conteúdo real histórico do meu ser no tempo. Mas, por outro lado, não me pertencia, não era minha, falando em sentido estrito, porquanto o seu conteúdo era, em cada caso, produzido e causado por alguma coisa alheia à minha vontade.

Para esta antinomia, eu não via senão uma explicação: alguma coisa ou alguém diferente de mim faz a minha vida e *entrega--a*, atribui-a, torna-a adstrita ao meu ser individual. Que alguma coisa ou alguém diferente de mim faça a minha vida explica suficientemente que a minha vida, em certo sentido, não seja minha. O fato de essa vida feita por outrem ser-me dada de presente ou atribuída a mim, explica em certo sentido que eu a considere minha. Só assim podia desfazer a contradição ou a oposição nessa vida que não era minha, porque outro a fizera, e que no entanto era minha, porque só eu a vivia.

Depois de chegar a esta conclusão, porém, dois problemas novos se me puseram. Primeiro: quem é esse alguém diferente de mim que gera a minha vida em mim e ma oferece? Segundo: e se eu não aceitasse a oferta? E se eu não quisesse aceitar como minha essa vida que não construí? Tratava-se de um ato propriamente meu, de um ato livre, ou de uma necessidade metafísica? Diante da gravidade destes dois problemas, fiquei perplexo e como que desconcertado.

(Parece-me, pe. José Maria, que estou abusando da sua paciência e da sua bondade. É verdade? Resta-me a esperança de que a sua paciência e a sua bondade cheguem ao extremo de continuar a ler estas linhas. Se não for assim, suspenda a leitura e rasgue as laudas. Parece-me justo e natural. Eu, por minha parte, não posso parar nem ser mais breve do que a gravidade do assunto me permite).

Então surgiu na minha alma uma espécie de tranquilidade espiritual, porque notei com extraordinária alegria que as preocupações que me agitavam tinham saído de repente do âmbito particular e egoísta para entrar no terreno geral, universal e até, se quisermos, metafísico. Na realidade, já estava pensando, não em mim particularmente, mas na vida humana em geral através do meu caso particular.

Isto, repito, alegrou-me muito, porque sempre me repugnou a atitude do egoísmo, ou solipsismo, e além disso parece-me que não é bom método para resolver os problemas, ainda os mais íntimos e pessoais, encará-los de um ponto de vista exclusivamente subjetivo. A verdade, mesmo a verdade sobre o indivíduo, é sempre, por algum dos seus lados, verdade objetiva e geral, e, se se perde de vista este aspecto objetivo e geral, há muitas probabilidades de falhar nas conclusões individuais e pessoais. Resolvi, pois, iniciar uma espécie de pesquisa metódica sobre os problemas que acabava de equacionar.

Comecei ordenadamente pelo primeiro. Quem é esse alguém diferente de mim que constrói a minha vida em mim e ma oferece? É claro que apareceu logo na minha mente a ideia de Deus. Mas também logo deve ter assomado aos meus lábios o sorriso irônico da soberba intelectual. "Ora vamos — pensei —, Deus, se existe, não pensa senão em ser. Deixemo-nos de puerilidades". E, com efeito, realizei o ato interior de repelir aquilo a que chamava puerilidade. Mas as puerilidades insistiam em ficar e negavam-se a desaparecer. Aconteceu uma coisa estupenda, incompreensível para mim, a não ser com o auxílio evidente da graça. Sem a princípio reparar nisso, comecei a pensar com o método diametralmente oposto ao que costumava empregar nestes temas.

Em geral, perante um problema filosófico ou metafísico, costumo, na minha indagação, abraçar carinhosamente a tese que mais me satisfaz. Depois, oponho-lhe objeções adequadas, que procuro resolver, rebater, desfazer, sempre com o desejo íntimo de que, perante a minha própria consciência racional, prevaleça a tese abraçada em primeiro lugar. Quando algumas vezes as objeções e as dificuldades com que ataco dialeticamente a tese preferida se mostram fortes e decisivas e chegam a desbaratá-la racionalmente, fico extremamente desconsolado e dá-me certo trabalho afetivo e sentimental desprender-me daquilo que vejo que é errôneo, para abraçar o que vejo, com pena, que é verdadeiro, até que, passado certo tempo, entrego por fim o meu coração à tese evidentemente verdadeira, e então custar-me-ia dor igual prescindir dela.

O que me aconteceu de extraordinário foi que toda a carga sentimental, durante a discussão interna, foi incidir, não sobre a tese anti-providencialista, que tomei como ponto de partida, mas sobre as objeções providencialistas que tive de lhe opor no movimento dialético. Em suma, obediente por inércia do passado à ordem que a soberba intelectual me dava de repelir as "puerilidades", iniciei a discussão íntima formulando como ponto de partida a tese do determinismo natural por causas e efeitos, ou seja, por causas eficientes. Em seguida, porém, notei — e isto é que é extraordinário — que o meu coração não estava do lado da tese, mas do lado das objeções, e que as "puerilidades" eram mais do meu agrado do que a suposta sabedoria de um estrito determinismo causal. Cada vez que encontrava ou relembrava algum argumento contra o determinismo natural, alegrava-se-me o coração, que estava, evidentemente, a favor das objeções e contra a tese.

Encheu-me de alegria sobretudo a objeção de que esta minha vida, que eu não faço, mas recebo, se compõe de fatos *plenos de sentido*. Ora, o mero determinismo natural — físico, histórico, psicológico — pode produzir fatos, mas não fatos *cheios de sentido*; não esses fatos que, como os da vida, são inteligíveis e inteligentes, dirigidos sabiamente para certos fins e para certos efeitos.

Seria longo e desnecessário desenvolver isto como se deveria. Basta dizer que, quando chegou a noite, o meu dispositivo intelectual tinha sofrido uma pequena crise. Por um lado, a ideia de uma providência divina que faz a nossa vida, no-la dá e no-la atribui, estava já profundamente gravada no meu espírito. Por outro, não podia conceber essa providência senão como sumamente inteligente, sumamente ativa, fonte de vida, da minha vida e de toda a vida, quer dizer, de todo o complexo ou sistema de fatos *plenos de sentido*.

Esta conclusão trouxe-me grande consolação, e nela fiquei a meditar admirado. Como é possível — pensei — que a ideia dessa providência sábia, poderosa, ativa e ordenadora, mas que acabava de me vibrar um golpe tão terrível, me sirva agora de consolo? Não conseguia compreender bem. O fato, porém, era evidente. A verdade é que me sentia mais tranquilo, mais sereno e mais descansado. (Muito tempo depois, ao ler Santo Agostinho, descobri a verdadeira chave do enigma na frase: "O nosso coração está inquieto enquanto não descansar em Ti").

Naquele momento não pude encontrar outra explicação além da vulgar explicação psicológica: a alma, apertada pela angústia da ignorância e da impotência, começa a consolar-se com a ideia de que "há" uma razão ou causa explicativa, embora ainda não saiba concretamente *qual* é essa causa ou razão. Só o pensamento de que há uma providência sábia bastou para me tranquilizar, embora não compreendesse nem visse a razão, a causa concreta da crueldade que essa mesma Providência praticava para comigo, negando-me o regresso das minhas filhas.

A noite de 28 para 29, passei-a melhor do que esperava. A espécie de consolo, de tranquilidade que a ideia de Providência me tinha proporcionado serviu-me de sedativo. É também possível que a meditação, tão longa e continuada, em que as preocupações estritamente pessoais tinham passado, por assim dizer, para segundo plano, vencidas por considerações mais gerais e metafísicas, contribuísse para aquietar em boa parte os movimentos dolorosos da minha alma. A verdade é que repousei uma série de horas com tranquilidade, e quando acordei tive a força e a serenidade suficientes para preparar o café da manhã. Lembro-me muito bem de que reforcei intencionalmente, talvez em excesso, a dose de café, pois estava decidido a prosseguir com alma e com o método mais rigoroso possível as minhas reflexões de caráter geral. Estava bem provido de cigarros. Devo confessar-lhe que nesse dia 29 fumei desesperadamente, quase continuamente.

Acumulo estes pormenores, talvez ridículos, porque se aproxima o momento decisivo e desejo que tenha presentes todos os pormenores que eu puder fornecer-lhe para ajudá-lo a formar o seu juízo. Também lhe digo que ao meio-dia fui almoçar a um pequeno restaurante de operários que havia perto de minha casa, que comi bem e com apetite. Depois regressei a casa e tomei uma chícara de café, que também fiz muito forte. À hora de jantar, pelo contrário, não me senti com forças nem com vontade de sair à rua. Tinha em casa umas latas de conservas. Jantei umas bolachas untadas com *foie-gras* e tomei outra chícara de café, muito forte também, mas com uma ou duas colheres de leite condensado. Já lhe disse que quase não parava de fumar. Fisicamente encontrava-me muito bem; não sentia doença corporal de espécie alguma, e nem antes nem depois do acontecimento se alterou por pouco que fosse este perfeito equilíbrio físico do meu corpo.

Já que estamos falando do tema da parte física e corporal, digo-lhe que nunca na minha vida sofri de perturbações nervosas, salvo duas vezes: uma, em 1910 (tinha eu vinte e quatro anos), quando estava na Alemanha. Senti-me fatigado de esforços intelectuais e fui passar um verão a uma ilhota no Mar do Norte, chamada Amrun. Tive um dia um ataque de nervos em que perdi os sentidos, e que o médico da localidade diagnosticou como epilepsia. O diagnóstico era completamente errôneo, pois regressei imediatamente a Berlim, assustado, e fui consultar o Dr. Lewandowky, que refutou abertamente o diagnóstico e atribuiu tudo ao estado de fadiga intelectual em que me encontrava. Ficou-me durante algumas semanas uma agorafobia, que desapareceu pouco depois.

A segunda vez foi em 1914, poucas horas depois do nascimento da minha filha Maria Josefa. Também me encontrava muito fatigado física e intelectualmente, e além disso a tensão nervosa que o prolongado parto de minha mulher me tinha causado, foi sem dúvida a causa de que tivesse um leve ataque, que foi logo atribuído à fadiga. Desde então não voltei a sentir nada.

Toda a manhã do dia 29 de abril estive tranquilo, a meditar, ou melhor, a refletir sobre aquilo que tanto me preocupava intelectualmente. Fui pouco a pouco confiando na ideia providencialista, chegando a formulá-la clara e explicitamente. Mas a minha imaginação e o meu pensamento encaminhavam-se ainda por vias puramente abstratas e metafísicas. Pensava em Deus, mas sempre no Deus do deísmo, no Deus da pura filosofia, nesse Deus intelectual em que *se pensa* mas a quem não se reza, num Deus construído pela razão, transcendente, inacessível, puro ser longínquo, mero termo do olhar intelectual. É verdade que o considerava na sua providência, mas como um poder infinito com o qual o homem não tem mais relações que as da reverência total, muda e imóvel, essa "dependência absoluta" com que Schleiermacher define o sentimento religioso.

Nesse ambiente, e relativamente tranquilo, comecei a pensar que a única atitude consequente com semelhante Providência era a resignação simples, a submissão completa, e decidi-me interiormente a tirar a prova real disso. Mas os meus esforços nesse sentido eram ineficazes; ia-se apoderando de mim uma espécie de aridez, uma tensão interior, uma frialdade, uma rigidez que se foi convertendo paulatinamente em hostilidade, em ódio, em retraimento da alma, como se esta se sentisse ofendida pela atitude inacessível que esse Deus metafísico tinha tomado para comigo. Levantou-se na minha alma uma espécie de protesto, e creio que, Deus me perdoe, qualquer coisa como uma blasfêmia me subiu à mente.

Parece-me que acusei de cruel, de indiferente, de zombadora, de sarcástica essa Providência que se comprazia em complicar a minha vida, em trazê-la e levá-la ao sabor do seu gosto inexplicável, em dar-lhe e em atribuir-lhe acontecimentos e fatos que eu não queria, que eu repudiava. Que posso esperar — pensava eu — de um Deus que assim se compraz em brincar comigo, que me engana dessa maneira com a perspectiva iminente da felicidade, para fazê-la desaparecer no preciso momento em que eu ia apanhá-la já entre as mãos? Se é Deus quem faz os fatos da vida, quem os dá, atribui e oferece ao homem, eu posso, no entanto, repelir a oferta. É verdade que a vida não é minha, é do Deus providente, mas por outro lado é minha, posto que estes fatos me acontecem a mim, Deus os dá a mim. Ora, eu posso aceitá-los ou repeli-los; e afasto-os com decisão, não os quero: não me submeto ao destino que Deus me quer dar; não quero nada com Deus, com este Deus inflexível, cruel, desapiedado.

Foi uma fúria, uma espécie de tempestade de ira que alvoroçou a minha alma. Foi a raiva da impotência inconformada, da liberdade ineficaz. Surgiu-me nítida a ideia de que só era livre de fazer uma coisa para mostrar a minha oposição a essa Providência que se me apresentava inacessível e hostil: matar-me. Era por isso que o estoico via no suicídio o ato da suprema liberdade humana.

Mas logo que tomei consciência da conclusão a que tinha chegado, admirei-me comigo mesmo, não pela ideia do suicídio em si, que já noutras ocasiões tinha entrado no âmbito da minha consciência, mas pela ineficácia absoluta de um ato daqueles, que a nada conduzia, que nada resolvia e que menos ainda podia resolver o problema teórico, metafísico, acerca do qual procurava orientar-me. Esse espanto provinha principalmente do medo de ter sucumbido ou de estar sucumbindo a alguma anormalidade mental. Comecei a preocupar-me seriamente se não estaria começando a delirar.

Na realidade, tinha chegado ao fim de um beco sem saída. Disse a mim mesmo que era necessário voltar atrás e repensar de novo todo esse processo intelectual que me tinha levado a tão grotesca conclusão. Com um enorme esforço da vontade impus-me a mim mesmo a obrigação de descansar um pouco, de conceder algumas horas de trégua ao pensamento. Veio-me à ideia ligar o rádio para me facilitar a distração.

Estavam transmitindo música francesa, o final de uma sinfonia de César Frank; a seguir, soou no piano *La pavane pour une enfante défunte*, de Ravel; depois, tocada por orquestra, uma peça de Berlioz intitulada *L'enfance de Jesus*. Não pode imaginar o que é esta música, se não a conhecer; é qualquer coisa de excepcional, de suavíssimo, de uma ternura e de uma delicadeza tais que ninguém consegue escutá-la de olhos enxutos. Era cantada por um tenor excelente, de voz doce, aveludada, flexível e suave, que matizava indizivelmente a melodia pura, ingênua, verdadeiramente divina.

Quando acabou, desliguei o rádio para não perturbar esse estado de paz deliciosa em que a música me tinha submergido. Pela minha mente começaram a desfilar, sem que lhes pudesse oferecer resistência, imagens da infância de Nosso Senhor Jesus Cristo. Vi-o, em mente, a caminhar pela mão da Santíssima Virgem, ou sentado num banquinho a admirar com grandes olhos São José e Maria. Continuei a representar-me a mim mesmo outros períodos da vida do Senhor: o perdão que concede à mulher adúltera, Madalena lavando e enxugando com os cabelos os pés do Salvador, Jesus atado à coluna, o Cireneu ajudando o Senhor a levar a cruz, as santas mulheres ao pé da cruz.

Deste modo foi-se gravando pouco a pouco na minha alma a visão de Cristo, de Cristo homem, cravado na cruz, numa elevação, dominando uma paisagem imensa, uma planície infinita que pululava de homens, mulheres e crianças sobre os quais se estendiam os braços de Nosso Senhor crucificado. E os braços de Cristo cresciam, dilatavam-se e pareciam abraçar toda aquela humanidade doente e cobri-la com a imensidade do seu amor; e a cruz ainda subia,

subia até ao céu, enchendo toda a abóbada, e atrás dela subiam também muitos homens, mulheres e crianças; subiam todos, nenhum ficava para trás; só eu, cravado no solo, via desaparecer Cristo no alto, rodeado pelo enxame interminável dos que subiam com Ele; só eu me via a mim mesmo naquela paisagem já deserta, ajoelhado e com os olhos postos no alto e vendo desvanecerem-se os últimos esplendores daquela glória infinita que se afastava de mim.

Não é pequena a vergonha e o pudor que tenho de vencer para lhe contar estas coisas, pe. José Maria. Conforta-me a convicção absoluta de que as conto a quem sabe entendê-las e saberá guardar sobre elas a necessária e prudente reserva. Mas como ainda me restam outras e maiores para lhe contar, permita-me que peça a Deus Nosso Senhor a graça da sua assistência, para que o meu relato reproduza o melhor possível, o mais fielmente possível, a verdade pura dos fatos que me aconteceram naquela noite.

Não tenho a menor dúvida de que esta espécie de visão não foi senão o produto da fantasia excitada pela doce e penetrante música de Berlioz. No entanto, teve sobre a minha alma um efeito fulminante. Deus é assim, esse é o verdadeiro Deus, o Deus vivo; essa é a Providência viva — disse para comigo mesmo —. Assim é o Deus que entende os homens, que vive com os homens, que sofre com eles, que lhes dá alento e os conduz à salvação. Se Deus não tivesse vindo ao mundo, se Deus não tivesse tomado a carne do homem no mundo, o homem não teria salvação, porque entre Deus e o homem haveria sempre uma distância infinita que o homem jamais poderia transpor.

Tinha-o experimentado em mim havia poucas horas. Tinha querido com toda a sinceridade e devoção abraçar-me a Deus, à Providência de Deus; tinha querido entregar-me a essa Providência que faz e desfaz a vida dos homens. E que me tinha acontecido? A distância entre a minha pobre humanidade e esse Deus teórico da filosofia havia-se tornado intransponível para mim. Distante demais, alheio demais, abstrato demais, demasiadamente geométrico e desumano. Mas Cristo, Deus feito homem, Cristo sofrendo como eu, mais do que eu, muitíssimo mais do que eu, eu o entendo e Ele me entende. A esse, posso entregar-lhe toda a minha vontade, depois da vida. A esse, posso pedir-lhe, porque tenho a certeza de que sabe o que é pedir e de que dá e dará sempre, pois se entregou totalmente a nós, homens. Estava rezando, rezando! E, posto de joelhos, comecei a balbuciar o Pai-Nosso; e, que horror, pe. José Maria, tinha-me esquecido.

Fiquei de joelhos um bom pedaço, oferecendo-me mentalmente a Nosso Senhor Jesus Cristo com as palavras que me iam ocorrendo. Lembrei-me da minha infância, da minha mãe, que perdi quando tinha apenas nove anos; imaginei claramente o seu rosto, o regaço em que me reclinava quando ficava de joelhos para rezar com ela; lentamente, com paciência, fui-me lembrando de trechos do Pai-Nosso; alguns recordei-os em francês, mas, ao traduzi-los, reconstituí fielmente o texto espanhol. Ao fim de uma hora de esforços, consegui reconstituir integralmente o texto sagrado e escrevi-o num livro de notas. Também consegui reconstituir a Ave-Maria. Mas não pude passar daí. O Credo resistiu-me absolutamente, assim como a Salve-Rainha e o ato de contrição. Tive que contentar-me com o Pai-Nosso, que lia no meu papel, não me atrevendo a confiar numa recordação tão dificilmente restaurada, e com a Ave-Maria, que repeti vezes sem conta, até que as orações me ficaram perfeitamente gravadas na memória.

Tinha-se apoderado da minha alma uma grande paz. É realmente extraordinário e incompreensível como em tão pouco tempo se pode dar uma transformação tão profunda. Ou será que a transformação se vem operando no subconsciente desde muito antes de repararmos nela? Neste caso, notá-la seria simplesmente o termo final, o único termo consciente de uma evolução subterrânea e inconsciente.

Seja como for, o certo é que me via a mim mesmo transformado em outro homem. Que exata é a frase de São Paulo acerca dos dois homens![5] Mas estava ainda como o cavalo acabado de domar, tremendo, indeciso, sem saber o que havia de fazer, e sem realmente poder fazer nada. Ir a uma igreja? Já era noite, e com certeza todos os templos estavam fechados. Procurar um sacerdote? Mas não conhecia nenhum em Paris, e além disso uma vergonha invencível, um pudor insuperável me impedia de falar disto tudo com qualquer pessoa, a não ser com o próprio Cristo.

Andei pelo quarto a apalpar-me a mim mesmo, os braços, a cara, a cabeça. Percorri todo o apartamento sem procurar coisa

---

[5] Alusão a Rom 6, 6-11 e 1 Cor 15, 47, em que o Apóstolo contrapõe o homem novo, regenerado pela graça ou "ressuscitado com Cristo", ao "homem velho", presa do pecado (N. do E.).

alguma, sem fim nem propósito. No quarto de Selgas mirei-me no espelho e estive a contemplar-me durante um bom pedaço. Achei-me diferente, muito diferente, embora visse bem que era o mesmo. Comecei a sentir uma espécie de desdobramento de personalidade. O do espelho era outro, o de ontem, o de há mil anos; pelo contrário, o que considerava dentro de mim, o novo, parecia-me tão terno, tão frágil, que o menor choque podia parti-lo em mil pedaços. Voltei para o meu quarto. De repente, pensei nas minhas filhas. "Quando lhes contar, que emoção vão sentir!" Mas imediatamente tomei a resolução de não lhes dizer nada por escrito. Só a ideia de falar com alguém de tudo o que me estava acontecendo causava-me um retraimento irreprimível.

Sentei-me num cadeirão diante da janela por onde, através do cristal, via completamente Paris, e ao fundo a massa escura de Montmartre. *Mons martyrum!* Imagens do cristianismo primitivo sulcaram a minha fantasia. O circo romano, as feras, os cristãos ajoelhados na arena, deixando-se despedaçar heroicamente! Que homens! A graça de Deus inundava-os, envolvia-os, sustinha-os. Sim, é verdade, mas além disso eles recebiam e aceitavam submissamente essa graça e tudo o que Deus lhes enviava. Submissa e livremente! Porque sabiam claramente o que faziam e o que queriam, ao quererem conformar-se com o que Deus queria neles.

Com este pensamento, pareceu-me ter chegado por fim à solução mais clara e nítida do problema da vida em mim e fora de mim. A vida e os fatos da vida que Deus providente faz e produz, é também Deus quem no-los dá e no-los atribui. Mas nós os aceitamos, recebemo-los *livremente*, e por isso são tão nossos como dEle. São dEle, porque Ele é o seu autor, o seu criador, o seu distribuidor e o seu provisor. São *nossos* porque nós os aceitamos *livremente* da sua mão. Eis a pedra de toque, eis a essência da Humanidade: aceitar submissa e livremente ao mesmo tempo. O ato humano mais característico e mais autêntico é a *aceitação livre* da vontade de Deus.

O animal aceita a vontade de Deus, porque, não sendo livre, não pode deixar de aceitá-la. Ou, mais exatamente, não a aceita, recebe-a, encontra-a sobre si sem ter pensado e sem pensar nisso. Mas o homem foi criado livre por Deus, isto é, para realizar a sua própria essência, para ser verdadeiramente homem livre, e tem — tenho, neste caso particular — de aceitar a vontade de Deus com submissão total e com liberdade total ao mesmo tempo. Tem de querer livremente o que Deus quiser. Eis o supremo ápice da condição humana. "Seja feita a vossa vontade, assim na terra como no céu".

De joelhos, com o olhar perdido no horizonte longínquo do casario de Paris, recitei mais uma vez, com íntimo fervor, o Pai-Nosso, entregando rendidamente toda a minha vontade nas mãos chagadas de Nosso Senhor Jesus Cristo.

No relógio da parede soaram doze badaladas. A noite estava serena e muito clara. Na minha alma reinava uma paz extraordinária. Parece-me que estava a sorrir. Voltei a sentar-me no cadeirão e comecei a pensar lenta e calmamente na minha nova condição e no modo de vida que devia adotar. Como quem medita com alegria sã e cheio de júbilo os preparativos de uma viagem ansiada, pensei: "A primeira coisa que vou fazer amanhã é comprar um livro de piedade e um bom manual de doutrina cristã. Hei de aprender as orações; hei de instruir-me o melhor que puder nas verdades dogmáticas, procurando recebê-las com a inocência da criança, quer dizer, sem as discutir nem analisar, por agora. Terei tempo de sobra quando a minha fé for sólida e robusta, e estiver acima de todas as vacilações, para edificar o castelo filosófico sobre novas bases. Hei de comprar também os Santos Evangelhos e uma vida de Jesus. Jesus! Jesus! Bondade! Misericórdia! Uma figura branca, um sorriso, um gesto de amor, de perdão, de ternura universal. Jesus!

Neste ponto, há uma lacuna nas minhas recordações. Devo ter adormecido. A minha memória retoma o fio dos acontecimentos no momento em que acordava sob a impressão de um sobressalto inexplicável. Não posso dizer exatamente o que senti: medo, angústia, apreensão, perturbação, pressentimento de qualquer coisa imensa, extraordinária, indizível, que ia suceder naquele momento preciso, sem tardar. Pus--me de pé, a tremer, e abri a janela de par em par. Uma lufada de ar fresco açoitou-me o rosto.

Voltei-me para o interior do quarto e fiquei petrificado. Ali estava Ele. Eu não o via, não o ouvia, não o tocava. Mas estava ali. No quarto não havia outra luz a não ser a de uma lâmpada elétrica das pequenas num canto. Eu não via nada, não ouvia nada, não apalpava nada. Não tinha a menor sensação. Mas Ele estava ali. Eu estava imóvel, petrificado pela emoção. Senti-o; sentia a sua presença com a mesma clareza com que sinto o papel em que estou escrevendo e as letras — negro sobre branco — que estou traçando. No entanto, não tinha nenhuma sensação nem na vista, nem no ouvido, nem no tato, nem no olfato, nem no gosto. E apesar disso sentia-o ali presente com toda a clareza. Não podia admitir a menor dúvida de que era Ele, pois sentia-o, ainda que sem sensações. Como pode ser isto? Não sei. Mas sei que Ele estava ali presente e que eu, sem ver, nem ouvir, nem cheirar, nem provar, nem tocar nada, o sentia com evidência indubitável e absoluta. Se me demonstrarem que não era Ele e que eu estava delirando, poderei não ter nada a responder à demonstração, mas logo que na minha memória se *atualize* a recordação, ressurgirá em mim a convicção inquebrantável de que era Ele, porque o senti.

Não sei quanto tempo permaneci imóvel e como que hipnotizado ante aquela presença. O que sei é que não me atrevia a mover-me e que teria desejado que tudo aquilo — Ele ali — durasse eternamente, porque a sua presença inundava-me de um júbilo tal e tão íntimo, que nada se pode comparar ao deleite sobre-humano que eu sentia. Era como que a suspensão de tudo o que no corpo pesa e tem gravidade, uma leveza tão delicada de toda a minha matéria, que dir-se-ia que não tinha corporeidade, como se eu tivesse sido transformado num suspiro, numa brisa ou num hálito. Era uma carícia infinitamente suave, impalpável, incorpórea, que emanava dEle e que me envolvia e me sustentava no ar, como a mãe que segura o seu menino nos braços. E, no entanto, sem sentir qualquer sensação concreta de tato.

Como terminou a permanência dEle ali? Também não sei. Terminou. Num instante desapareceu. Um milésimo de segundo antes, ainda ali estava, e eu notava-o e sentia-me inundado desse júbilo sobre-humano de que falei. Um milésimo de segundo depois, Ele já não estava ali, já não havia ninguém no quarto, sentia pesadamente a gravidade apertando-me contra o solo, e sentia os meus membros e o meu corpo sustentarem-se pelo esforço natural dos músculos.

Quanto tempo durou a presença dEle? Já disse que não sei. Tentando avaliá-lo retrospectivamente, fiz o seguinte cálculo: devo ter adormecido pouco depois de terem soado as doze no relógio da parede. Supondo que dormi duas horas, o meu acordar sobressaltado perante a iminência do fato deve ter-se dado aí pelas duas da madrugada. Quando Ele desapareceu, caí de novo sobre o cadeirão diante da janela aberta, e lembro-me perfeitamente de que, em frente da casa, pela via férrea — o Boulevard Sérurier está no extremo leste de Paris — passou um trem que *vinha*. Uns dias depois, fui discretamente informar-me dos horários dos trens, e soube que às três e poucos minutos da madrugada chegava diariamente àquela estação um trem de mercadorias.

De acordo com isto, a sua presença deve ter durado pouco mais de uma hora, o que de certo modo se confirma por eu me lembrar de ter ouvido, muito mais tarde, soarem as quatro no relógio da parede. Suponho, pois, que a presença dEle começou por volta das duas, e terminou pouco depois das três. No entanto, estes cálculos podem muito bem estar errados. Pode ser que eu tenha dormido mais de duas horas e que a sua presença tenha começado muito depois das duas. Pode ser também que o trem tenha passado atrasado. Pode ser, por conseguinte, que a presença dEle não tenha durado mais que uns minutos ou até um brevíssimo instante. Quanto a isto, não tenho nenhuma convicção firme.

Agora permita-me que lhe comunique algumas das reflexões que fiz serena e objetivamente sobre este acontecimento, pois talvez possam ajudá-lo a formar o seu juízo.

A formulação psicológica do Fato podia ser a seguinte: *uma percepção sem sensações*. É verdade que, em boa ciência psicológica, não se concebe a existência de percepção sem sensações, que nunca faltam, nem mesmo na alucinação. Isto é devido à circunstância de que perceber uma presença ou a presença de um objeto é um ato do composto humano, em que intervêm necessariamente os órgãos sensoriais, os sentidos, e de que a alucinação é um funcionamento objetivo de todo o aparelho psicofísico, embora sem qualquer realidade objetiva daquilo que é representado como presente.

Mas o Fato por mim vivido caracterizou-se pela ausência *absoluta* de sensações. Dir-se-ia que foi uma percepção exclusiva da alma, sem o auxílio do corpo condicionante. Se não se quiser dar a tal percepção apenas pela alma o nome de percepção, dê-se-lhe o nome que se quiser; em qualquer caso, foi uma intuição de presença totalmente desprovida do condicionalismo corpóreo (sensação).

Como a recordação do Fato vivido por mim não se afasta do meu espírito, e não houve dia, desde que me aconteceu, em que não o lembrasse e pensasse nele, muito ou pouco, não é de estranhar que nas minhas leituras esteja sempre atento a ver se encontro descrita em qualquer parte alguma coisa semelhante à que experimentei.

Há algum tempo, li uma passagem de Santa Teresa em que se descreve uma coisa parecida. É no capítulo XXVII da *Vida*, e diz assim: "Estando um dia do glorioso São Pedro em oração, vi perto de mim, ou senti, para dizer melhor, pois nem com os olhos do corpo nem com os da alma não vi nada, mas parecia-me que Cristo estava perto de mim e via que era Ele a falar-me, segundo o meu parecer [...]. Fui imediatamente ao meu confessor, muito aflita, a contar-lho. Perguntou-me em que forma o via. Disse-lhe que não o via. Perguntou-me como sabia então que era Cristo. Disse-lhe que não sabia como, mas que não podia deixar de entender que estava perto de mim e via-o e sentia-o claramente [...]".

Tenha em conta que a terminologia de Santa Teresa carece de rigor psicológico, o que explica a aparente contradição do texto, quando diz que *não via* e poucas linhas depois que *via claramente*. Quando diz que não o via, quer dizer que não tinha *sensação visual*, e quando diz que *o via e sentia claramente* quer dizer que o *percebia e intuía* sem sensações.

O fato aqui descrito pela Santa é exatamente o que eu vivi: uma percepção sem sensações ou, se me permite a fórmula audaz, uma percepção puramente espiritual. No entanto, há diferenças profundas entre a vivência experimentada pela Santa e a minha. À Santa, Nosso Senhor fala-lhe, sem dúvida com palavras também percebidas sem sensação auditiva. A mim não me fala. À Santa, a presença de Nosso Senhor acompanha-a muito tempo, dias e dias, isto é, habitualmente — "parecia-me que Jesus Cristo andava sempre ao meu lado". A mim, não. Foi apenas um breve momento, talvez segundos, talvez minutos, talvez uma hora, na noite de 29 para 30 de abril de 1937, e nunca mais voltou a repetir-se.

Em contrapartida, a minha vivência tem qualquer coisa que não vi descrita na da Santa. Na minha, há como que um efeito produzido no sujeito pela presença do Senhor, efeito de desgravitação, de alívio, de volatização; pareceu-me que me despojava do corpo, que já não tinha peso, que me convertia em sopro ou que alguém me levantava no ar. Sobre este efeito nada encontro na descrição da Santa.

Por último, a Santa tenta uma *interpretação* do estado que descreveu e encontra para isso algumas fórmulas que me parecem muito felizes e exatas. Por exemplo: "Porque parece que é como uma pessoa que está às escuras, que não vê outra que está perto dela, ou que é cega; não é bem isso. Alguma semelhança tem, mas não muita, porque sente-a com os sentidos ou ouve-a falar ou mexer-se ou toca-a. Aqui (no estado que a Santa descreveu) *não há nada disto nem se vê escuridão; representa-se por uma notícia à alma*, mais clara que o sol..." A interpretação da Santa é perfeita; efetivamente, trata-se de uma "notícia à alma", ou, como eu dizia antes, de uma percepção puramente espiritual, *sine corpore interposito*.

A possibilidade de semelhantes fatos, só podem negá-la os psicólogos que estiverem apegados a uma interpretação puramente naturalista, humana, dos fatos místicos.

Uma coisa, porém, é que o fato seja possível em si, e outra que real e efetivamente eu tenha experimentado a presença de Nosso Senhor. Entenda bem o que eu quero dizer. É absolutamente certo que eu experimentei tudo o que descrevi. A meu ver, é também absolutamente certo que aquilo que descrevi pode em si mesmo ser uma vivência de Nosso Senhor presente. Ora, essa possibilidade intrínseca é também extrínseca e real? Noutros termos: embora o que me aconteceu possa ser, em qualquer pessoa em geral, a percepção espiritual de Nosso Senhor presente, pôde sê-lo em mim precisamente? Eis o problema.

Não duvido um instante sequer de que o Senhor pode, se quiser, apresentar-se a uma alma dessa maneira incorpórea, sem sensações, sem corpo sensível interposto. Mas tenho razões muito fortes para pensar que o Senhor não pôde ter querido fazer-me, precisamente a mim, essa insigne mercê, porque, que tinha eu feito para merecê-la? Nada. Tinha feito muito mal, de forma a não a merecer. Quer isto dizer que não só havia em mim um estado que me privava de méritos para a obtenção dessa mercê, mas também um estado negativo, um estado positivamente mau.

Ninguém melhor do que eu — a não ser Nosso Senhor, que tudo sabe — conhece como sou pecador, radicalmente perverso no meu fundo moral. A minha alma tinha percorrido toda a lira, toda a escala dos pecados mais abjetos, com a agravante de uma super-estrutura doutrinária ou ideológica que os encobria com o falso manto de uma ética natural, humana, mais ou menos filosófica e racional, que rematava numa concepção absurda e ímpia de Deus e da sua Providência. E ia Deus apresentar-se a semelhante pessoa para derramar sobre ela graças extraordinárias? Não. Não posso acreditar.

Ainda se o Fato tivesse sido precedido por uma longa e contínua série de anos passados em penitência e oração, em contrição perfeita, robustecida pelos santos Sacramentos, talvez fosse plausível que o Senhor quisesse, por fim, conceder a esmola de um olhar benévolo ao seu servo fiel. Mas assim, de súbito, é totalmente incrível. Como? Só porque uma alma perversa e afastada de Deus sente uma tarde uns pequenos movimentos de conversão, terá por isso motivos suficientes para que, sem mais nem menos, Deus a distinga com tantas mercês? Não posso admitir tal coisa.

Inclino-me resolutamente a pensar que, embora o que me aconteceu possa ser em si mesmo uma vivência de Nosso Senhor presente, não o foi em mim, no meu caso particular e concreto. Logo, o que me aconteceu foi mera fantasia, pura imaginação, efeito de um estado anormal e patológico da subjetividade, ou uma ficção diabólica.

Mas por outro lado, pensando serenamente, encontro também graves objeções a esta última conclusão. Ficção diabólica não me parece realmente que possa ter sido. Com efeito, não se concebe que seja diabólico um fato que produz as consequências que este Fato produziu na minha alma: uma resolução inabalável, mantida até hoje sem desfalecer — queira Deus continuar a alentá-la em mim com a sua graça — e através de mil dificuldades e obstáculos, de me dedicar, mesmo por estado e ministério, ao serviço de Deus; uma graça que se conservou atual durante mais de um ano, até se converter em graça santificante quando, no dia 29 de julho de 1938, recebi do senhor Bispo em Vigo o que eu chamo a minha segunda primeira comunhão; uma perseverança que triunfou até agora — queira Deus continuar a protegê-la para mim — de todos os inconvenientes.

É possível que seja diabólica uma causa que produz estes efeitos?

Mas se prescindirmos da hipótese de ser diabólica, não me resta senão reconhecer que fui enganado pela minha subjetividade, excessivamente comovida, e que o Fato por mim vivido não é mais do que o efeito subjetivo de uma profunda crise mental.

É verdade que, naquilo que precedeu, acompanhou e seguiu o Fato, não posso descobrir o mais leve indício de anormalidade, nem nunca senti em mim elementos patológicos de ordem psíquica, à exceção dos dois ataques de nervos que lhe contei e que foram consequência evidente de fadiga mental; esses dois ataques caracterizaram-se precisamente pela sua índole exclusivamente somática, e foram apenas fisiológicos, nervosos, sem afetar em nada a ideação, a representação ou a imaginação. Nunca tive alucinações, complexos mentais, excitações excessivas, em suma, qualquer perturbação da vida psíquica. Nenhum psiquiatra que me examinasse encontraria fundamento para diagnosticar em mim a menor moléstia psíquica. Nenhuma das pessoas que me conhecem e me conheceram desde a minha infância poderá pensar que tenho qualquer perturbação mental.

Eu tenho, porém, uma imaginação e uma sensibilidade talvez mais intensas e abundantes do que é corrente, circunstância que me causa, com frequência, padecimentos morais e reações interiores mais intensas também do que é corrente. E embora normalmente domine e contenha esses excessos de sensibilidade e imaginação, graças a uma faculdade de autocrítica ou de auto--observação que o estudo filosófico e o gosto das meditações solitárias desenvolveram em mim, no entanto não é impossível — é até muito provável — que, em ocasiões excepcionalíssimas, a sensibilidade e a imaginação intensamente comovidas e mal reprimidas se tenham precipitado em concreções informes, conduzindo-me a uma espécie de alucinação sem sensações concomitantes.

Não encontro outra maneira de explicar a vivência que experimentei nessa noite para mim inolvidável. Resisto decididamente a pensar que Deus tenha querido conceder-me a mim, tão depravado e miserável, um minuto sequer da sua presença.

Como máximo poderia talvez supor que Deus, querendo garantir a minha conversão com uma graça tão profunda que se me gravasse inolvidavelmente na alma, permitiu que se produzisse na minha mente esse fenômeno subjetivo cuja lembrança indelével seria capaz de me ajudar a perseverar vitoriosamente em face de todas as ciladas, dificuldades e inconvenientes que inevitavelmente haviam de opor-se à minha vocação.

É este, por conseguinte, o principal objeto da minha consulta, pe. José Maria. Nunca falei a ninguém do mundo, nem em confissão, das coisas que este longo relato contém. Nem penso, nem desejo sequer, falar disto com ninguém, a não ser, é claro, que o senhor mo ordene. Mas sinto um pudor tão profundo, uma vergonha tão grande destas coisas que — mesmo tendo-me colocado sob a sua direção há um ano — só agora me atrevi a dizer-lhe qualquer coisa sobre o assunto. O meu mais profundo desejo seria conhecer a sua opinião e o seu conselho, e não voltar sequer a aludir a isto nem sequer consigo.

Antes de terminar, talvez lhe convenha saber algumas circunstâncias posteriores relacionadas com o Fato. Há mais de três anos que aconteceu. Desde então, nada mais voltei a encontrar em mim que se pareça ao que se costumam chamar estados extraordinários ou sobrenaturais. A minha vida espiritual seguiu um caminho normal e robusto. Ofereci a Deus todos os sofrimentos morais que a minha conversão necessariamente trouxe consigo, e que não foram poucos. A lembrança do Fato constitui sempre para mim uma consolação extraordinariamente eficaz, serviu-me de escudo e ajudou-me a triunfar em todas as dificuldades e adversidades.

A princípio, ou seja, durante aproximadamente um ano e meio depois do que aconteceu, desejei às vezes que se repetisse em mim qualquer coisa parecida, e algumas vezes, embora poucas, pedi isso a Deus. Submetido à vontade divina, não peço nem desejo mais nada disso; mais ainda, custa-me a própria ideia de que qualquer coisa parecida pudesse repetir-se, e o que peço a Deus é que não se perturbe a paz que fez na minha alma. O meu único desejo e a minha oração constante é que Nosso Senhor me conserve a fé, em que desde essa altura não vacilei um momento, nem mesmo quando comecei o estudo, para mim tão perigoso, da teologia dogmática. Que me conserve a fé íntegra e me dê a sua graça para o servir com honradez e fidelidade, com dedicação plena e total até ao limite das minhas escassas forças. Que conserve na minha alma a paz de que desfruto e que, a meu ver, já não é fácil de perturbar, se a proteção de Deus não me abandonar.

Acrescentarei alguns dados concretos. No dia seguinte ao Fato, tomei a resolução de me consagrar a Deus e de abraçar o estado sacerdotal. Mas como o futuro se apresentava obscuro, sombrio e incerto, e não era o momento, naqueles dias de maio de 1937, de realizar atos definitivos, e como além disso compreendia que precisava aquilatar, purificar a minha alma e experimentar a capacidade de perseverança que nela existia, adiei prudentemente toda e qualquer manifestação exterior.

No dia 3 de maio recebi carta das minhas filhas, que já se tinham transferido para Barcelona instalando-se em casa dos nossos bons parentes. Vendo que a guerra ia demorar, pensei então que o melhor seria abandonar Paris e reduzir-me à maior solidão e ao maior recato possíveis. O trabalho do dicionário, com que ganhava o meu sustento, podia fazê-lo igualmente num lugar afastado. Lembrei-me de que um meu amigo, sacerdote francês, o pe. Pierre Jobit, que nessa altura vivia em Angoulême — atualmente reside em Madrid —, era íntimo dos beneditinos da Abadia de Ligugé, perto de Poitiers. O lugar, que eu conhecia de visitas de turismo, agradava-me por ser afastado, frondoso e aprazível. Escrevi, pois, ao pe. Jobit, e por meio dele travei contacto epistolar com o abade de Ligugé, que teve a bondade de me admitir como hóspede no seu convento. Preparava-me para a viagem quando recebi a notícia da chegada iminente das minhas filhas a Paris.

Nesse meio tempo, tinha acontecido que o Governo de Largo Caballero tinha caído, na primeira quinzena de maio, e tinha sido substituído pelo gabinete presidido pelo Dr. Negrin. Neste novo Governo não figurava Gallarza, principal responsável pela negativa à saída das minhas filhas. Embora Negrin já se tivesse mostrado anteriormente favorável aos meus desejos, os meus amigos de Paris aconselharam-me a insistir agora no meu pedido, já que, sendo presidente do Conselho, lhe seria mais fácil aceder a ele, se efetivamente queria ser-me agradável.

Sem grande confiança, escrevi uma carta diretamente a Negrin, que não me deu resposta. Dava o assunto por perdido e, sem motivo algum de esperança, tinha ultimado os preparativos para a minha mudança para o convento de Ligugé, quando recebi um telegrama de Barcelona anunciando-me que as minhas filhas estavam de saída para a França e telegrafariam de Cerbère. Efetivamente, no dia seguinte recebi um telegrama de Cerbère informando-me da hora da sua chegada a Paris.

No dia 9 de junho, tive a grande alegria de abraçar as minhas filhas e os meus netos. Encontrava-me à frente de uma família de seis pessoas crescidas e de duas crianças. Não podia pensar noutra solução a não ser a da América. Portanto, tratei de tudo. Em poucos dias ficou marcada a viagem para Buenos Aires, recebido o dinheiro, conseguidos os passaportes. No dia 20 de junho embarcamos em Marselha. A 10 de julho chegávamos a Buenos Aires. No dia 17, a Tucumán.

A provação que agora se impunha à minha fé incipiente e à minha perseverança problemática era duríssima. Passei a ganhar muito, pagavam-me bem. Vivíamos com desafogo, mais que com desafogo, poupávamos dinheiro. Por outro lado, eu tinha que lecionar duas cadeiras, uma de Filosofia geral e outra de Psicologia. Quantos perigos, quantas ciladas, quantas facilidades para deslizar novamente para a torrente que tão dramaticamente tinha abandonado!

Não quero abusar mais da sua paciência, pe. José Maria. Basta dizer-lhe que, com a ajuda de Deus, triunfei de todos os perigos. Procurei, julgo que com êxito, dar aos meus cursos na Universidade de Tucumán um caráter anódino, no que dizia respeito aos problemas relacionados com a santa religião. Guardei o meu segredo tão discretamente que nem as minhas filhas puderam descobri-lo.

Onze meses depois de ter chegado a Tucumán, ou seja, em maio de 1938, despedi-me da Universidade. Com o que tínhamos poupado e com uma *tournée* de conferências muito rendosas que fiz em Montevideo, Buenos Aires, Rosário, Paraná, Córdova e Santa Fé, reuni a quantia suficiente para custear as despesas da viagem para Espanha e para conservar uns cobres, suficientes para manter a minha família durante um ano. Não me parecia que a guerra pudesse durar mais tempo. Escrevi uma longa carta ao senhor Bispo, com quem desde 1930 mantinha muito boas relações pessoais, revelando-lhe os meus planos, relatando-lhe todos os pormenores da minha conversão, embora sem aludir para nada ao Fato extraordinário que lhe acabo de contar. O senhor Bispo respondeu-me por telegrama aprovando tudo e dando-me os seus parabéns, emocionado. Embarcamos em Buenos Aires em 3 de junho. Aportamos a Lisboa em 24. Chegamos a Vigo em 27, de noite.

Já durante a viagem, tinha comunicado às minhas filhas o meu novo ser de cristão e até de futuro sacerdote. Choravam comigo de comoção e de alegria.

No dia 28 pela manhã, abracei o senhor Bispo com emoção insuperável. No mesmo dia, de tarde, fiz-lhe uma confissão geral. Embora fosse longa e pormenorizada, não pude atrever-me a aludir ao Fato extraordinário que é objeto deste relato. Não me pareceu necessário, e o pudor invencível conteve-me irremediavelmente. No dia 29 pela manhã, na capela de Atalaya de Castro, onde vivia o senhor Bispo, ouvimos todos missa, dita por Sua Ex.ª Revma., e de suas próprias mãos recebi a Sagrada Comunhão, com as faces sulcadas de lágrimas. Dois meses e meio depois, a 10 de setembro de 1938, entrava no convento dos Padres Mercedários de Poyo e começava propriamente a minha preparação para o sacerdócio.

Setembro de 1940. Laus Deo.

Direção geral
Renata Ferlin Sugai

Direção de aquisição
Hugo Langone

Direção editorial
Felipe Denardi

Produção editorial
Juliana Amato
Gabriela Haeitmann
Karine Santos
Ronaldo Vasconcelos

Capa
Karine Santos

Diagramação
Sérgio Ramalho

ESTE LIVRO ACABOU DE SE IMPRIMIR
A 19 DE MARÇO DE 2025,
EM PAPEL OFFSET 90 g/m².